EIN WORT

ZUVOR

Von klein auf sind wir es gewohnt, in der Adventszeit zu basteln und unser Zuhause weihnachtlich zu schmücken. Und gerade in unserer digitalen Zeit erfreut sich das Selbstgemachte zunehmender Beliebtheit.
Mit diesem Adventskalender läßt sich das Warten auf Weihnachten Tag für Tag kreativ gestalten. Die 24 Projekte reichen von der klassischen Weihnachtskarte und dem minimalistischen Adventskranz über festliche Tischdekoration und kreative Verpackungen bis hin zur Gestaltung von Kalendern, Vogelfutterhäuschen, Baumschmuck und Geschenkideen. Jeder Idee sind passende Vorlagen, Anregungen, Musterpapiere und detaillierte Schritt-für-Schritt-Anleitungen beigefügt.
Für jeden Geschmack ist etwas dabei! Ungeübte finden Einfaches zum Ausschneiden oder Abpausen und können anhand der Anleitungen die Objekte spielend leicht realisieren. Aber auch DIY-Könner erhalten zahlreiche Anregungen, einen Fundus an Mustern, Doodles, Handletterings etc. Versteckt sind zudem Hinweise zu tollen washi tapes und Stempeln mit weihnachtlichen Motiven.

Ich wünsche allen viel Spaß beim Basteln und eine frohe Adventszeit!

KERZEN

FÜR DEN ADVENTSKRANZ BEMALEN

MATERIAL

4 Kerzen
Acrylmalstife
Efeu
Bleistift
Papier
Schere
Tesafilm

UND SO GEHT ES

1 | Suchen oder denken Sie sich Muster für Ihre Adventskerzen aus und bringen Sie diese zu Papier.

2 | Wickeln Sie nun das Papier mit dem Muster um die Kerze, um zu überprüfen, ob die Proportionen stimmen oder Elemente versetzt werden müssen. Das geht ganz einfach: Entsprechende Stelle ausschneiden, versetzen und mit Tesafilm auf der Kerze befestigen.

3 | Übertragen Sie nun das Muster Schritt-für-Schritt mit dem Acrylmalstift auf Ihre Kerze. Entfernen Sie dabei das Papier mit dem vorgezeichneten Muster nur nach und nach.

4 | Sind alle Kerzen bemalt, können Sie aus Efeuranken einen Kranz binden und die Kerzen hineinstellen.
Es kann natürlich auch ein gebundener Adventskranz verwendet werden. Hier nimmt man zur Befestigung der Kerzen etwas Blumendraht.

NIKOLAUS

BOTSCHAFTEN

MATERIAL

Cutter/Rasierklinge
Schere
Küchenmesser
Klebstoff/Sprühkleber
große Nüsse
washi tapes

Die abgebildeten washi tapes sind erhältlich unter:

EAN 40-60504-00058-2

EAN 40-60504-00056-8

UND SO GEHT ES

1 | Trennen Sie die folgende Doppelseite mit einem Cutter oder einer Rasierklinge aus Ihrem Buch.

2 | Mit etwas Sprühkleber oder Klebstoff können Sie das Muster mit den Nüssen auf die Rückseite der Zettel kleben.

3 | Beschriften Sie die Zettel mit guten Wünschen für Ihre Lieben. Schneiden Sie anschließend die Zettel aus.

4 | Teilen Sie die Nüsse mit einem Küchenmesser vorsichtig in zwei Hälften und nehmen die Kerne heraus.

5 | Nun können Sie die Zettel einrollen und in die leeren Nussschalen legen.

6 | Verschließen Sie die Nusshälften mit einem washi tape Ihrer Wahl.

2. DEZEMBER

Geh auf den Wegen, die dein He

DENN ER BEFIEHLT SEINEN ENGELN, DICH ZU BEHÜTEN AUF ALL DEINEN WEGEN.
Ps 91,11

ER SCHENKE DIR, WAS DEIN HERZ BEGEHRT, UND ER ERFÜLLE ALL DEIN PLANEN.
Ps 20,5

DER HERR SEGNE DICH UND BEHÜTE DICH.
Num 6,24

GEH AUF DEN WEGEN, DIE DEIN HERZ DIR SAGT.
Koh 11,9

NIE SOLLEN LIEBE UND TREUE DICH VERLASSEN.
Spr 3,3

SEID MUTIG, SEID STARK!
1 Kor 16,13

Geh auf den Wegen, die dein Herz dir sagt.

FROHE WEIH NACHT
gesegnete Weihnachten
FROHE WEIHNACHT
frohe WEIHNACHT
gesegnete Weihnacht
dezember
MO DI MI DO FR SA SO
1 2 3 4 5
6 7 8 9 10 11 12
13 14 15 16 17 18 19
20 21 22 23 24 25 26
27 28 29 30 31

KALENDER

MIT FOTOS GESTALTEN

MATERIAL

stärkeres Papier
Graupappe
Spiralbindung oder
blanko Fotokalender

Cutter oder Schere
Bleistift
Fixogum oder
Fotoklebepads
wasserfeste Tuschestifte
washi tape
Schnur

UND SO GEHT ES

1 | Schneiden Sie zwölf weiße Papiere sowie die Graupappe mit einem Cutter auf die gleiche Größe zu und binden die Kalenderblätter mit einer Spiralbindemaschine zusammen. Alternativ können Sie auch einen schon gebundenen blanko Fotokalender verwenden.

2 | Machen Sie sich nun Gedanken über die Einteilung von Bild, Kalendarium und eventuellen Gestaltungselementen. Bedenken Sie dabei das Format Ihrer Fotos (Hoch-/Querformat). Anregungen zu Schriften und Zahlen finden Sie auf der nächsten Doppelseite.

3 | Suchen Sie aus Ihrem Fotoarchiv zwölf Bilder aus und lassen Sie Abzüge in der passenden Größe machen. Markieren Sie sich mit einem Bleistift (HB) auf jeder Kalenderseite die gewünschte Position der Fotos. Geben Sie nun auf die Fotorückseite in jede Ecke etwas Fixogum, positionieren Sie das Bild und halten es an den Klebepunkten etwa zwei Minuten lang gedrückt.

4 | Anschließend auf allen zwölf Blättern das Kalendarium gestalten.

5 | Verzieren Sie nun jede Kalenderseite nach Lust und Laune: mit Tuschestiften, washi tapes, kleinen Fundstücken etc.

januar	JANUAR
februar	FEBRUAR
märz	MÄRZ
april	APRIL
mai	MAI
juni	JUNI
juli	JULI
august	AUGUST
september	SEPTEMBER
oktober	OKTOBER
november	NOVEMBER
dezember	DEZEMBER

1 2 3 4 5 6 7 8 9 0
1 2 3 4 5 6 7 8 9 0
1 2 3 4 5 6 7 8 9 0
1 2 3 4 5 6 7 8 9 0
1 2 3 4 5 6 7 8 9 0
1 2 3 4 5 6 7 8 9 0
1 2 3 4 5 6 7 8 9 0
1 2 3 4 5 6 7 8 9 0

WUNSCH

–ZETTEL MIT HERZ

MATERIAL

Papier
Bleistift
wasserfeste Tuschestifte
Buntstifte
washi tapes

UND SO GEHT ES

Bei der Gestaltung Ihres Wunschzettels sind Ihnen keine Grenzen gesetzt. Auf den folgenden Seiten finden Sie viele Anregungen für Schriftelemente und kleine Illustrationen.

1 | Machen Sie sich erst einmal Gedanken, welchen Charakter Ihr Wunschzettel haben soll und fixieren Ihre Idee mit einigen Bleistiftstrichen auf einem Blatt Papier.

2 | Arbeiten Sie dann die einzelnen Formen aus, bis Sie voll und ganz zufrieden sind.

4 | Nun können Sie mit Hilfe eines Pauspapieres die Elemente auf gutes Papier übertragen, mit einem Tuschestift nachfahren und den Wunschzettel nach Belieben kolorieren oder mit washi tapes schmücken.

Wunsch-
ZETTEL
POST
mit
gesegnete
Weihnachten
FROHE
WEIHNACHT
frohe
WEIHNACHT
gesegnete Weihnacht

wunsch
ZETTEL
WUNSCH
zettel
FÜR ZU HAUSE
wunschzettel
WUNSCHZETTEL
VON

WÜNSCHE

KALENDER

-HÄUSCHEN

MATERIAL

Schere oder Cutter
Bleistift oder Buntstifte
Tusche- oder Filzstifte

UND SO GEHT ES

1 | Auf der folgenden Doppelseite finden Sie einige Kalenderhäuschen.
Bemalen Sie sie nach Ihren Vorstellungen oder orientieren Sie sich an den kleinen Musterhäuschen unten.

2 | Schneiden Sie die Häuser anschließend mit einer Schere oder dem Cutter an den durchgezogenen Linien aus. Vergessen Sie dabei nicht, die Schlitze für die Laschen einzuschneiden.

3 | Knicken Sie nun die einzelnen Gebäudeteile an den gestrichelten Linien, falten die Häuser zusammen und stecken die Laschen in die vorbereiteten Schlitze.

4 | Verfahren Sie mit den Bäumen wie oben unter Punkt 2 und 3 beschrieben.

5 | Sie können nun nach den Vorlagen noch weitere Häuser und Tannen basteln, sie mit Kleinigkeiten befüllen und als Adventskalender aufstellen.
Alternativ können aber auch nur die abgebildeten Häuser und Bäume als Tischdekoration verwendet werden.

… gesegnete Weihnacht
4
3
21
29

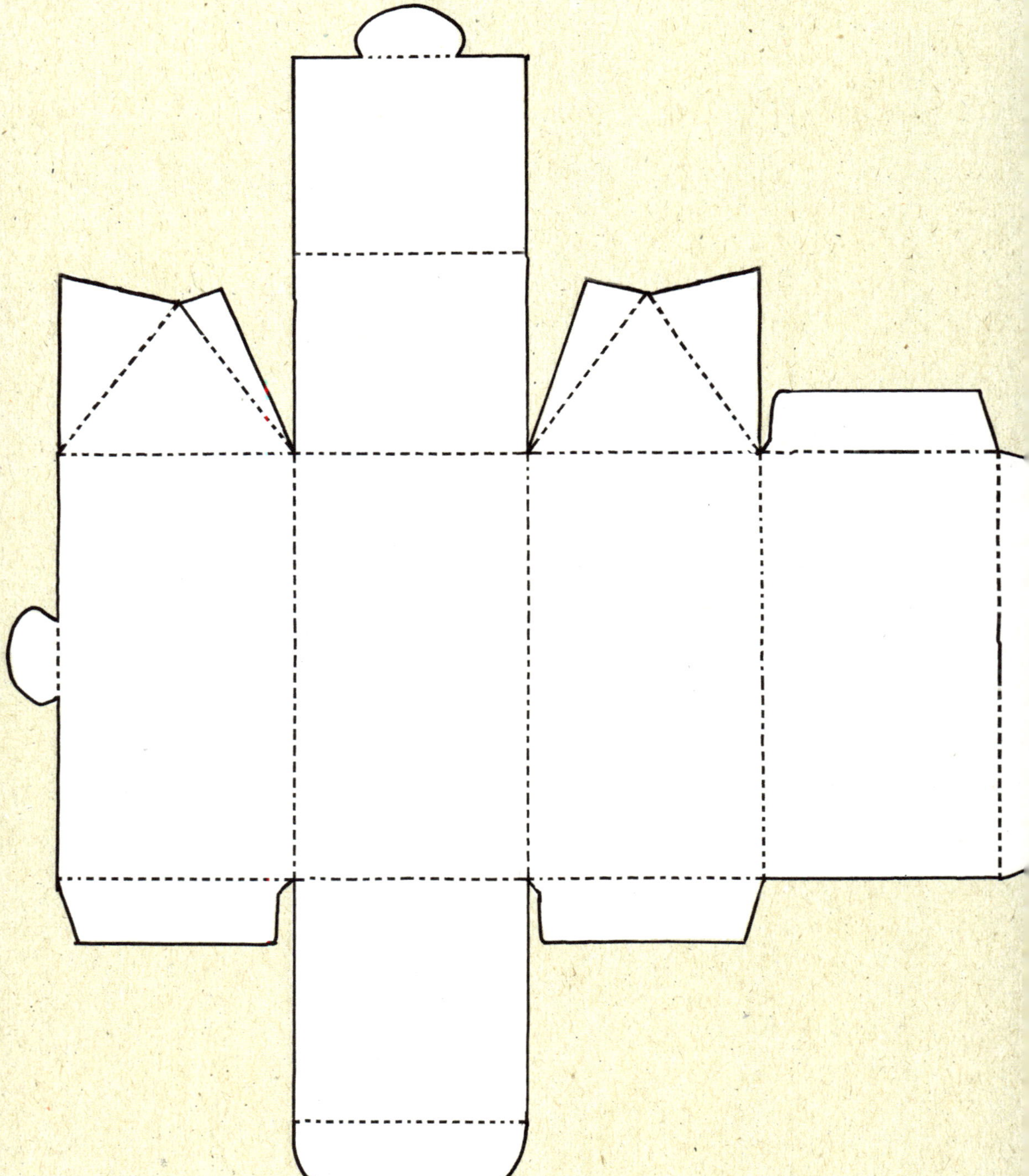

3
102
16
21

EHRE SEI GOTT IN DER HÖHE
UND FRIEDE AUF ERDEN DEN MENSCHEN
SEINES WOHLGEFALLENS.
Lk 2,14

GIRLANDE

MIT ENGELN UND SPRUCHBAND

MATERIAL

Schere
Deck- oder Acrylweiß
Nadel und Faden
washi tape

UND SO GEHT ES

1 | Schneiden Sie die Engel sowie das Spruchband auf den folgenden Seiten mit einer Schere aus. Für die Feinheiten können Sie eine Nagel- oder Silhouettenschere verwenden.

2 | Wenn Sie möchten, können Sie den Engeln mit einem Tuschestift Gesichter malen und die Gewänder mit etwas Deck- oder Acrylweiß verzieren.

3 | Anschließend stechen Sie auf der Höhe der Schultern mit einer Nadel feine Löcher in die Engelsflügel und ziehen einen weißen Faden hindurch.
Das Spruchband sollte man etwa in der Mitte durchfädeln.

4 | Mit einem roten washi tape lässt sich die Girlande dann ganz einfach am Türrahmen oder Ähnlichem befestigen.

Ehre sei Gott IN DER HÖHE

SERVIETTEN
BEDRUCKEN

MATERIAL

Servietten
Stempel
Stempelkissen
Gouachefarbe
Pinsel
Wassergefäß
alter Deckel

Die Weihnachts-Stempel sind erhältlich unter:

Stern
EAN 40-60504-00026-1

Christbaum
EAN 40-60504-00025-4

Engel
EAN 40-60504-00016-2

UND SO GEHT ES

1 | Probieren Sie zuerst auf einer Serviette aus, wieviel Farbe Sie aus dem Stempelkissen aufnehmen müssen und wie Sie den Stempel am besten aufsetzen, um ein gleichmäßiges Druckbild zu erzeugen.

2 | Stempeln Sie nun Ihr Motiv in regelmäßigen Abständen auf die Servietten.

3 | Anschließend können Sie mit Gouachefarbe Akzente setzen, indem Sie die Motive mit einem Pinsel partiell ausmalen.

4 | Lassen Sie die Servietten gut trocknen und dekorieren Sie sie dann auf Ihrer Weihnachtstafel.

Die Muster auf den Folgeseiten lassen sich für passende Tischkärtchen verwenden (Format siehe eingezeichnete Vorlage).

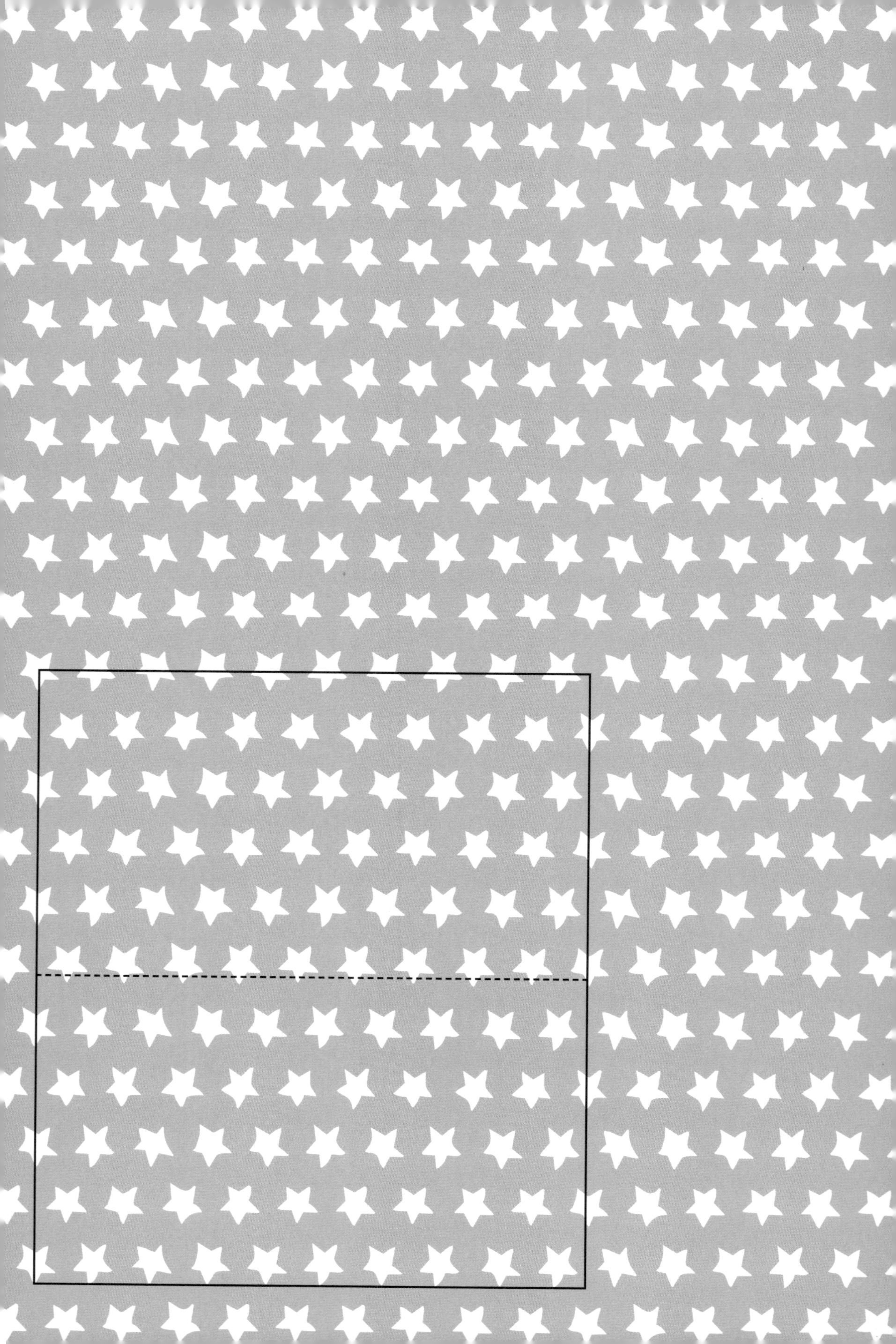

WEIHNACHTS
KARTE

MATERIAL

Cutter/Rasierklinge oder Schere
Aquarellfarben oder Filzstifte

UND SO GEHT ES

1 | Trennen Sie die Seite rechts mit einem Cutter oder einer Rasierklinge aus dem Buch.

2 | Kolorieren Sie das Motiv mit Aquarellfaben oder malen es mit Filzstiften an.

3 | Schneiden Sie nun die Weihnachtskarten an den durchgezogenen Linien mit einem Cutter oder einer Schere aus.

Eine Bastelanleitung für einen passenden Briefumschlag finden Sie auf der übernächsten Seite.

FROHE
Weihnacht
und ein gutes neues Jahr

FROHE
Weihnacht
und ein gutes neues Jahr

WIE DER HIRSCH LECHZT NACH
FRISCHEM WASSER,
SO LECHZT MEINE SEELE,
NACH DIR, GOTT. Ps 42,2

WIE DER HIRSCH LECHZT NACH
FRISCHEM WASSER,
SO LECHZT MEINE SEELE,
NACH DIR, GOTT. Ps 42,2

UMSCHLAG

FÜR DIE WEIHNACHTSKARTE

MATERIAL

Briefumschläge
Stempel
Stempelkissen
Papier
Bleistift
Aquarellfarben

Die Weihnachts-Stempel sind erhältlich unter:

Stern
EAN 40-60504-00026-1

Christbaum
EAN 40-60504-00025-4

Engel
EAN 40-60504-00016-2

UND SO GEHT ES

1 | Legen Sie ein Blatt Papier unter die Umschlagsklappe, damit Sie sauber über den Rand hinausstempeln können.

2 | Machen Sie nun auf einem Blatt Papier einige Stempeltests, so daß Sie ein Gefühl dafür bekommen, wie viel Farbe sie aufnehmen müssen, um einen gleichmäßigen Farbauftrag zu erzielen.

3 | Zeichnen Sie sich eventuell feine Bleistiftpunkte ein, an denen Sie das Holzquadrat ansetzen können, um möglichst gleiche Abstände zwischen den Motiven zu erhalten.

4 | Wenn Sie möchten, können Sie den weißen Raum zwischen den Motiven nun mit Aquarellfarbe füllen.

9. DEZEMBER

WINDLICHT

MIT HÄUSERN

MATERIAL

Cutter, Rasiermesser oder Schere
Transparentpapier
Klebstoff
Teelicht
Zweige

UND SO GEHT ES

Auf der folgenden Doppelseite finden Sie zwei Vorlagen. Die obere können Sie auf ein Transparentpapier durchzeichnen; das Papier erzeugt ein sehr schönes weiches Licht.

Bei der unteren Vorlage gehen Sie wie folgt vor:
1| Trennen Sie die Doppelseite mit einem Cutter oder Rasiermesser aus dem Buch.

2 | Schneiden Sie den Teelicht-Schirm an den durchgezogenen Linien mit einem Cutter oder einer Schere aus. Anschließend können Sie die Fensteröffnungen herausschneiden. Am besten funktioniert es mit einem Cutter, eine Nagelschere kann aber auch verwendet werden.

3 | Knicken Sie die Schirm-Hälften an den gestrichelten Linien und bestreichen die schmalen Streifen an den Rändern mit Klebstoff. Fügen Sie nun die beiden Hälften zusammen und halten die Klebestellen zwei Minuten lang gedrückt.

4 | Legen Sie ein brennendes Teelicht auf den Tisch, stellen den Schirm darüber und dekorieren Ihr Windlicht mit ein paar Zweigen.

Bitte Kerzen nie unbeaufsichtigt brennen lassen!

10

Fröhliche
Weih

16

nach ten

10

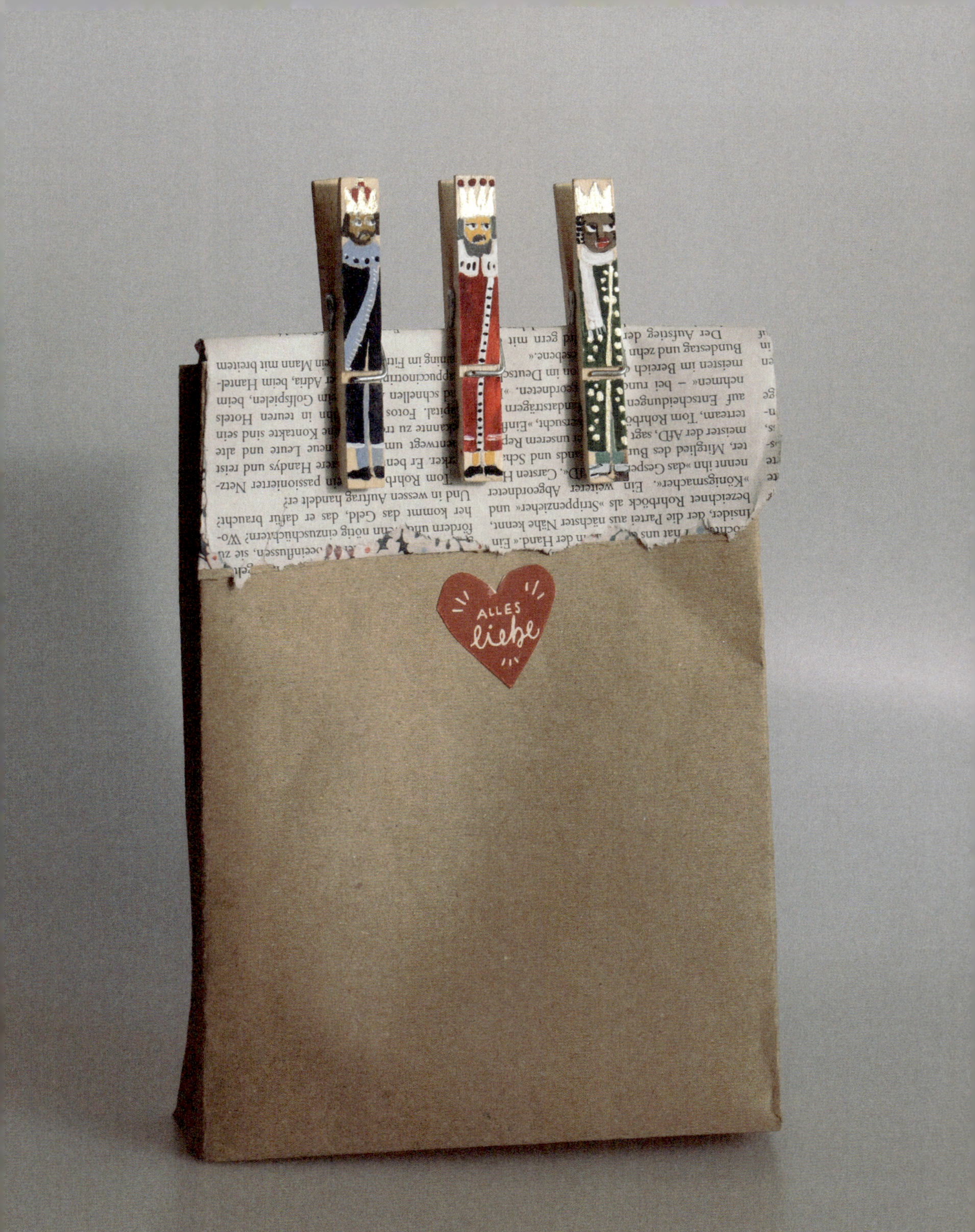

ALS JESUS ZUR ZEIT DES KÖNIGS HERODES
IN BETLEHEM IN JUDÄA GEBOREN WORDEN WAR,
SIEHE, DA KAMEN STERNDEUTER
AUS DEM OSTEN NACH JERUSALEM.

Mt 2,1

DREIKÖNIGS
-KLAMMERN

MATERIAL

Bleistift
Papier
Wäscheklammern
Gouache- oder Acrylfarben
Pinsel
Wasserglas

UND SO GEHT ES

1 | Skizzieren Sie Ihr Motiv, die Heiligen Drei Könige, auf ein Stück Papier und arbeiten Sie Ihre Ideen aus.

2 | Übertragen Sie nun Ihre Vorlage mit Bleistift auf die Wäscheklammern – Rückseite nicht vergessen.

3 | Kolorieren Sie die Könige mit Gouache- oder Acrylfarben. Sobald die Farbe getrocknet ist, können Sie mit der farbigen Fassung der Rückseite beginnen.

4 | Mit einem oder mehreren Königen lassen sich Päckchen gut verschließen.

FROHE WEIHNACHT
frohe WEIHNACHT
gesegnete Weihnacht

GESCHENKE

SCHÖN VERPACKEN

MATERIAL

Cutter/Rasierklinge
Schere
washi tape

dickes Papier
Klebstoff/Sprühkleber
Locher
Schnur

UND SO GEHT ES

Auf den folgenden Seiten finden Sie eine Reihe von Geschenkpapieren.

1 | Trennen Sie die gewünschte Seite mit einem Cutter oder einer Rasierklinge aus Ihrem Buch.

2 | Nun können Sie Ihre Geschenke wie gewohnt verpacken, mit farbigen Bändern verschnüren oder mit washi tapes schmücken.

3 | Für die Geschenkanhänger die Herzen, Sterne oder Tannenzapfen mit Sprühkleber oder Klebstoff auf dickes Papier kleben und anschließend mit der Schere ausschneiden. Dann mit einem Locher lochen, eine Schnur durchziehen und am Geschenk befestigen.

GUTSCHEIN

-KÄRTCHEN

MATERIAL

Cutter/Rasierklinge
Schere
dickes Papier
Blei- und Farbstifte
Locher
Schnur

UND SO GEHT ES

Auf den folgenden Seiten finden Sie 24 Gutschein-Kärtchen. Werden Sie kreativ und gestalten die Blanko-Kärtchen selbst. Anregungen finden Sie auf der nächsten Doppelseite.

1 | Trennen Sie zunächst die folgenden Seiten mit einem Cutter oder einer Rasierklinge aus dem Buch.

2 | Schneiden Sie alle Kärtchen an der gestrichelten Linie mit einer Schere aus.

3 | Gestalten Sie die freien Gutschein-Kärtchen nach Lust und Laune. Auf der Rückseite ist Platz für Ihre Botschaften.

4| Lochen Sie am Ende die Karten in der oberen Mitte und fädeln Sie sie auf eine Schnur oder legen Sie die 24 Gutscheine in ein Glas und verschenken dieses.

4
3
DEZEMBER
9
10
2
Genieße
DIE
kleinen
DINGE
1
6
2
CARPE
14
diem
15

18
7
16
13
22
1 2 3 4 5 6 7 8 9

VOGELFUTTER

HÄUSCHEN

MATERIAL

Milchtüte
Cutter/Rasierklinge
Schere
eventuell Laminierfolie
Sprühkleber/Klebstoff
Holzstöckchen
Locher, Schnur
Vogelfutter

14. DEZEMBER

UND SO GEHT ES

1 | Spülen Sie eine leere Milchtüte mehrmals mit heißem Wasser aus, entfernen Sie den Ausgießer mit einer Schere und lassen die Tüte anschließend gut trocknen.

2 | Trennen Sie das Meisenknödel-Muster auf der folgenden Doppelseite mit einem Cutter/einer Rasierklinge aus dem Buch. Laminieren Sie das Muster mit Folie, wenn Sie das Futterhäuschen nicht geschützt aufhängen können.

3 | Legen Sie das Muster über die Milchtüte und knicken es an den Kanten, sodass zwei Seitenteile und eine Klebefläche entstehen. Verfahren Sie mit der zweiten Seite ebenso.

4 | Sprühen Sie nun ein Musterpapier auf der Rückseite mit Sprühkleber ein und kleben es auf die Milchtüte. Zeichnen Sie das Giebeldach entlang der Kante ein und schneiden die überstehende Fläche ab. Wiederholen Sie den Vorgang mit dem zweiten Musterpapier.

5 | Zeichnen Sie gleichgroße Fenster in die vier Seitenflächen ein und schneiden Sie sie mit dem Cutter aus.
Nun mit einer Schere unterhalb der Fenster ein Loch bohren, ebenso an der gegenüberliegenden Seite und das Holzstöckchen durchstecken.

6 | Jetzt können Sie die Milchtüte lochen und eine Schnur durchziehen. Füllen Sie das Vogelhaus mit Vogelfutter und hängen es auf dem Balkon oder im Garten auf.

GESCHENK

-TÜTEN

MATERIAL

Cutter/Rasierklinge
Schere
Klebstoff
Locher
Schnur

UND SO GEHT ES

1 | Trennen Sie die folgende Doppelseite mit einem Cutter oder einer Rasierklinge aus dem Buch.

2 | Falten Sie das Papier in drei Teile, sodass die gleich große Vorder- und Rückseite und dazwischen ein schmaler Boden entstehen (siehe Skizze).

3 | Knicken Sie nun die beiden Seitenflächen ab, die so breit wie der Boden sein müssen.
Reduzieren Sie die auf der Rückseite liegenden Seitenflächen in der Breite auf die Hälfte – das sind die Klebestreifen.

4 | Schneiden Sie an den in der Skizze rot markierten Stellen mit einer Schere Schlitze in die Seitenflächen.

5 | Falten Sie die Tüte zusammen und kleben die Seitenflächen auf die Klebestreifen. Die Bodenlasche wird eingeklappt.

6 | Für die Henkel lochen Sie Vorder- und Rückseite je zwei Mal, ziehen ein Band Ihrer Wahl durch die Öffnungen und machen an die Enden einen Knoten.

Alternativ können Sie auch eine Lasche überstehen lassen, umklappen und mit einem washi tape befestigen (siehe Foto). Hierzu die Vorderseite etwas höher als den Rückenteil machen.

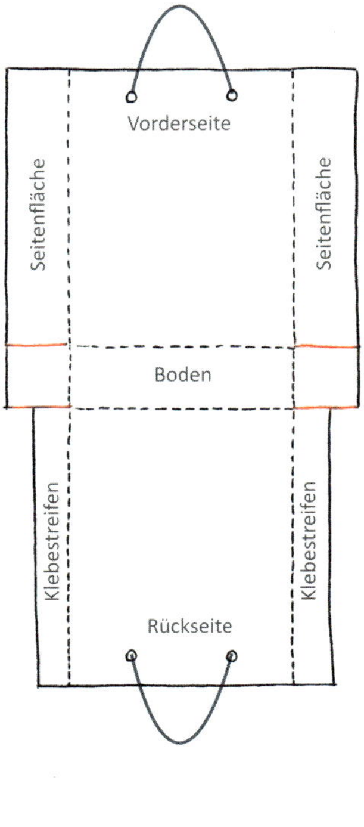

TISCHSET

FÜR DAS WEIHNACHTSMENÜ

MATERIAL

Cutter/Rasierklinge
Schere
Klebstoff
Tonpapier
Deck- oder Acrylweiß

UND SO GEHT ES

1 | Trennen Sie die folgende Doppelseite mit einem Cutter oder einer Rasierklinge aus Ihrem Buch.

2 | Schneiden Sie die Waldtiere sowie die Bäume aus. Wenn Sie möchten, können Sie einzelne Elemente wie z. B. die weißen Bäume vervielfältigen, indem Sie sie auf ein Blatt Papier legen und die Umrisse nachfahren.
Die Schneefläche aus einem dünnen, weißen Stück Papier ausschneiden.

3 | Legen Sie die Elemente, beginnend mit der Schneefläche, auf ein rotes Tonpapier und schieben Sie sie solange hin und her, bis Ihnen die Anordnung gefällt.

4 | Kleben Sie nun zuerst die Schneefläche und dann nach und nach Tiere und Bäume auf.

5 | Das fertige Tischset können Sie jetzt mit einem Kopierer vervielfältigen und damit Ihre festliche Tafel schmücken.

FROHE

SCHACHTEL

FÜR GLÜCKLICHE MOMENTE

MATERIAL

Cutter oder Schere
Klebstoff
washi tape

UND SO GEHT ES

1 | Schneiden Sie die Vorlage auf der folgenden Doppelseite mit einem Cutter oder einer Schere an den durchgezogenen weißen Linien aus.

2 | Knicken Sie anschließend die Flächen an den gestrichelten Linien.

3 | Bestreichen Sie die als Klebestreifen bezeichneten Flächen mit Klebstoff und fügen die beiden Teile der Box zusammen.

4 | Befüllen Sie die Schachtel mit Erinnerungsstücken oder einem Geschenk und verschließen Sie sie mit einem washi tape-Streifen.

Das abgebildete washi tape ist als Set erhältlich unter:

EAN 40-60504-00056-8

17. DEZEMBER

Seitenteil
Klebefläche
Boden
Seitenteil
Klebefläche
Seitenteil
Seitentei

Klebefläche
Deckel
Klebefläche
Klebefläche
Klebefläche
Hier Boden ansetzen

TOPPERS

FÜR CAKES

MATERIAL

Cutter/Rasierklinge
Schere
Kreppband
Schaschlikspieße

UND SO GEHT ES

1 | Trennen Sie die rechte Seite mit den Cake Toppers mit einem Cutter oder einer Rasierklinge aus Ihrem Buch.

2 | Schneiden Sie nun die Waldtiere, den Stern und den Tannenbaum aus. Bei den roten Beeren empfiehlt es sich, den hellblauen Himmel großzügig mit einzubeziehen.

3 | Kleben Sie dann die Elemente mit einem Stück Kreppband an den Schaschlikspießen fest.

4 | Nun können Sie mit den Cake Toppers Ihre Kuchentafel dekorieren.

ANHÄNGER

FÜR GESCHENKE

MATERIAL

Cutter/Rasierklinge
Schere
Locher
Schnur

UND SO GEHT ES

1 | Trennen Sie die Seite rechts mit einem Cutter oder einer Rasierklinge aus Ihrem Buch.

2 | Schneiden Sie die Tiere an den gestrichelten Linien mit einer Schere aus.

3 | Lochen Sie die Anhänger an der mit einem Kreis gekennzeichneten Stelle.
Wenn Sie möchten, können Sie auf die Rückseite mit dem Winterwald ein Etikett kleben und mit Namen oder Wünschen beschriften.

5 | Ziehen Sie nun ein farbiges Band Ihrer Wahl durch die Öffnungen und befestigen die Anhänger an Ihren Weihnachtspäckchen.

LESEZEICHEN

AUS DEM WINTERWALD

MATERIAL

Cutter/Rasierklinge
Schere
Locher
Schnur

UND SO GEHT ES

1 | Trennen Sie die rechte Seite mit den Anhängern mit einem Cutter oder einer Rasierklinge aus Ihrem Buch.

2 | Schneiden Sie nun die Anhänger an der gestrichelten Linie mit einer Schere aus.

3 | Lochen Sie die Anhänger an der mit einem hellblauen Kreis gekennzeichneten Stelle. Die Rückseite lässt sich auch beschriften.

4 | Ziehen Sie nun farbige Bänder Ihrer Wahl durch die Öffnungen.

BLEISTIFT

–DEKO

MATERIAL

Schere
Klebestoff
Bleistifte

UND SO GEHT ES

1 | Schneiden Sie den Vogel und/oder den Tannenbaum an der gestrichelten Linie aus.

2 | Bestreichen Sie die Halteflächen unten auf der Rückseite mit etwas Klebstoff und wickeln Sie die Streifen um einen Bleistift.

3 | Nun können Sie die Bleistifte verschenken oder zur eigenen Freude auf Ihren Schreibtisch stellen.

JOHANNISBEER
Marmelade
ALLES
liebe
Erdbeer
MARME-
LADE

MARMELADEN

-GLÄSER GESTALTEN

MATERIAL

Cutter/Rasierklinge
Schere
Klebstoff
Bast

Die washi tapes sind erhältlich unter:

EAN 40-60504-00056-8

UND SO GEHT ES

Selbstgemachte Marmelade in hübscher Verpackung ist seit jeher ein schönes Weihnachtsgeschenk.
Auf der folgenden Seite finden Sie Anregungen zu Schriften, kleinen Elementen, Etiketten und ein Musterpapier für die Verkleidung des Marmeladenglas-Deckels.

1 | Schneiden Sie ein Etikett aus und lassen sich von den Schriftbeispielen inspirieren.

2 | Anschließend können Sie sich ein Deckchen für den Deckel zurechtschneiden und mit Bast oder einem washi tape am Marmeladenglas befestigen.

22. DEZEMBER

handgemacht

für dich

Süße Träume
FÜR DICH

ALLES liebe

Johannisbeer
Marmelade

Alles liebe
FÜR

Erdbeer
MARMELADE

mit Liebe
GEMACHT

segnete
ihnachten
FROHE WEIHNACHT
frohe
WEIHNACHT
+ gesegnete Weihnacht
GESEGNETE
Weihnacht
GESEG
WEIH

HOME-MADE
MIT LIEBE
frohes fest

PLÄTZCHEN

ÖKOLOGISCH VERPACKEN

MATERIAL

Pappdosen
Cutter/Rasierklinge
Schere
Klebstoff

UND SO GEHT ES

Auf der folgenden Doppelseite finden Sie Schriftelemente, Etiketten und jede Menge weihnachtliche Motive. Lassen Sie sich inspirieren oder schneiden Sie einzelne Dinge einfach aus. Gehen Sie dabei wie folgt vor:

1 | Trennen Sie die folgende Doppelseite mit einem Cutter oder einer Rasierklinge aus Ihrem Buch.

2 | Schneiden Sie die gewünschten Elemente aus. Die Etiketten können Sie weiter ausgestalten.

3 | Schieben Sie nun die Elemente auf Ihrer Pappschachtel so lange hin und her, bis Ihnen die Anordnung gefällt.

4 | Jetzt können Sie alles mit Klebstoff befestigen und Ihre Plätzchen in die Dosen füllen.

16

MIT Liebe GEMACHT
HOME-MADE
MIT LIEBE
für dich
frohes fest
FROHES FEST
ALLES liebe

SCHMUCK

FÜR DEN WEIHNACHTSBAUM

MATERIAL

Cutter/Rasierklinge
Schere
Nadel und Faden

UND SO GEHT ES

1 | Trennen Sie die folgende Doppelseite mit einem Cutter oder einer Rasierklinge aus Ihrem Buch.

2 | Falten Sie das Musterpapier mit den Sternen nach der unten stehenden Anleitung.

3 | Zeichnen Sie dann eine der skizzierten Schneeflockenvorlagen auf das Musterpapier und schneiden die Schneeflocke an den durchgezogenen Linien aus.

4 | Auseinandergefaltet und mit einem Band als Aufhänger durchzogen, ergibt sich ein nachhaltiger Weihnachtsbaumschmuck.

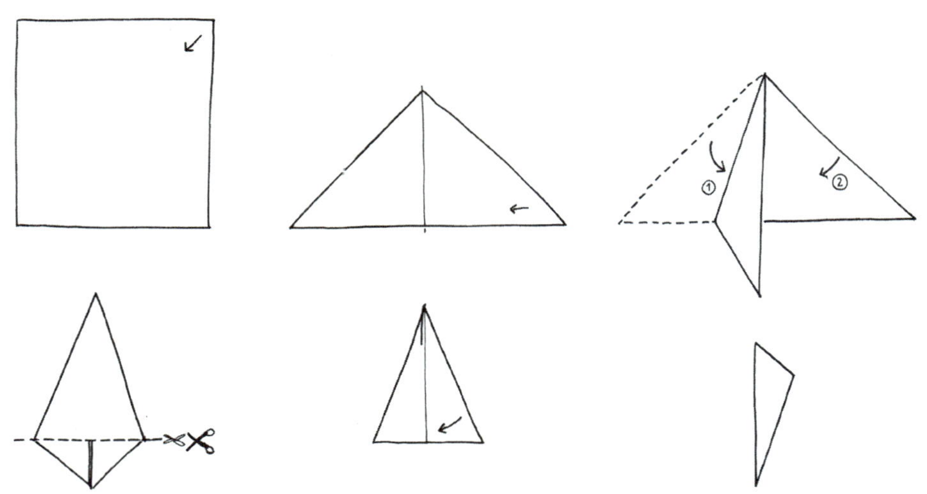

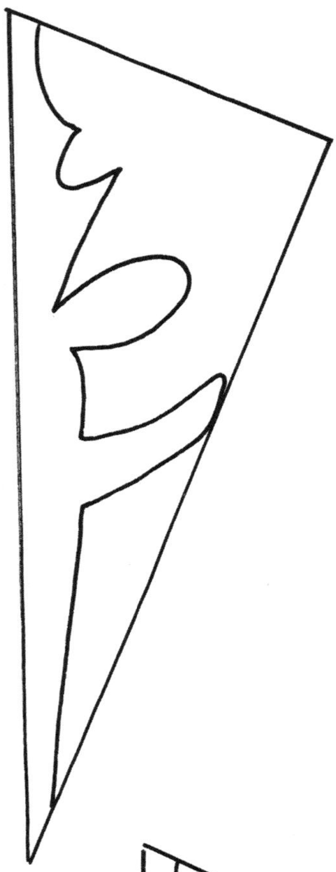
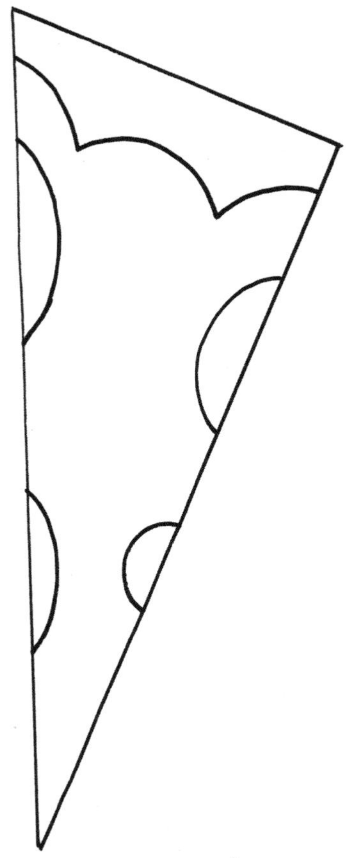
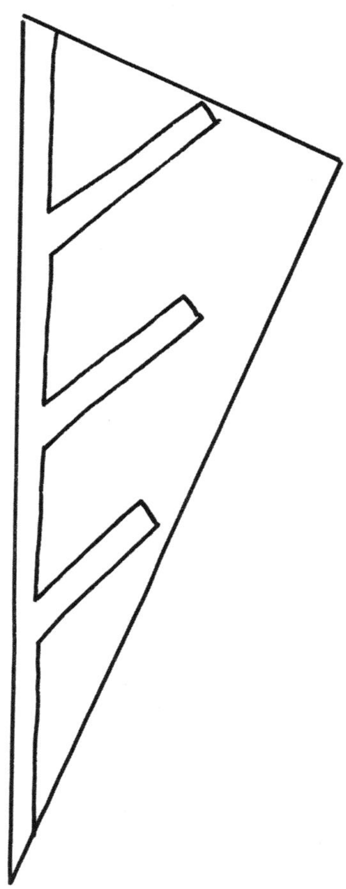
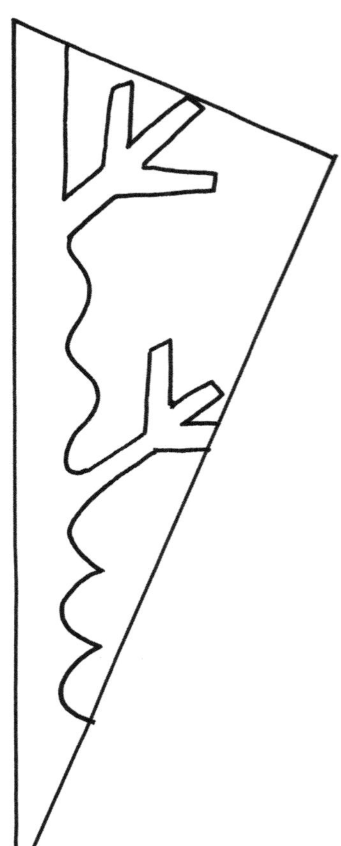

FRÖHLICHE
Weihnachten
frohes
FEST
GESEGNETE
Weihnachten

alles Liebe
FROHES FEST
FRÖHLICHE
Weihnachten

MATERIAL

Stempel, washi tapes, DIY-Vorlagen, Bücher, kreative Ideen finden Sie unter:
www.bibelwerk.shop

washi tapes Set Weihnachten
EAN 40-60504-00027-8

washi tapes Set Weihnachtsgrüße
EAN 40-60504-00056-8

washi tapes Set Waldweihnacht
EAN 40-60504-00058-2

Ministempel Stern
EAN 40-60504-00026-1

Ministempel Engel
EAN 40-60504-00016-2

Ministempel Christbaum
EAN 40-60504-00025-4

1. Auflage 2021

Gesamtgestaltung und Text: Anna-Katharina Stahl, Stuttgart

Hersteller gemäß ProdSG:
Druck und Bindung: Pfitzer GmbH & Co. KG, Benzstraße 39, 71272 Renningen
Verlag: Verlag Katholisches Bibelwerk GmbH, Deckerstraße 39, 70372 Stuttgart

www.bibelwerkverlag.de
ISBN 978-3-460-30449-9